En nombre de la infanta Carlota

PUNTO DE ENCUENTRO

Javier Muñoz y Diego Yzola

En nombre de la infanta Carlota

EVEREST

Dirección editorial: Raquel López Varela
Coordinación Editorial: Ana María García Alonso
Esteban González
Coordinación de la serie de Teatro: José Cañas
Maquetación: Cristina A. Rejas Manzanera

Ilustración de cubierta: cedida por Jana Producciones, S. A.
Diseño de cubierta: Jesús Cruz

SEGUNDA EDICIÓN

Carretera León-La Coruña, km 5 - LEÓN
ISBN: 84-241-8052-6
Depósito legal: LE. 1572-2005
Printed in Spain - Impreso en España

EDITORIAL EVERGRÁFICAS, S. L.
Carretera León-La Coruña, km 5
LEÓN (España)
Atención al cliente: 902 123 400
www.everest.es

"Si un día el teatro muriera, nacería al día siguiente
cuando un niño, en un desván, se vistiera con ropajes antiguos,
jugando a convertirse en otro personaje."

JOAN BROSSA, poeta

Prólogo

ESCENA 1

Cañones del ejército de Napoleón apuntan a la ciudad de Cádiz. Hay artilleros sudorosos con sus mechas y atacadores, preparados para abrir fuego. Están sobre un terraplén a la izquierda del escenario.

Chandon:

¡Fuego!

(Entre el humo se distingue al mariscal Víctor y a su capitán mameluco Chandon. Andan hacia la derecha del escenario y las luces sólo alumbran esa parte.)

Víctor:

Es absurdo, ridículo, impensable. Es minúscula. Una ciudad insignificante se atreve a desafiar a las tropas del Emperador... ¡Y no podemos tomarla!

Chandon:

Paciencia, Mariscal...

Víctor:

¿Paciencia? Llevamos meses bombardeando y, ¿qué hemos conseguido? ¡Nada! Se ríen de nosotros. ¿Me queréis decir cuándo vamos a tomar Cádiz?

(Cañón de luz a Lucas Olvido que está colgado de una cuerda justo encima del terraplén.)

Lucas:

Nunca, Víctor.

(Luz a todo el terraplén. Hay soldados amordazados y sus cañones volcados. Varios bandoleros, entre ellos el Séneca, se ríen de Víctor. Víctor esta furioso.)

Víctor:

Malditos...

Chandon:

¡Centinelas!...

Lucas:

Adiós, mariscal Víctor. No hay cañones suficientes para conquistar Cádiz.

(Y desaparecen hacia el público al tiempo que la guardia y los centinelas ocupan el terraplén y los accesos.)

Víctor:

Lucas Olvido… Me las pagarás… ¿No os he dicho que voy a cambiar de táctica?

Chandon:

¿Algún nuevo modelo de bomba?

Víctor:

¡No!… ¿De qué nos ha servido golpear contra un muro de piedra?

Víctor:

¿Veis? Un hombre robusto soporta los golpes sin retroceder, pero… *(Víctor da un fuerte golpe en el estómago a Chandon, el cual se dobla, y de un rodillazo le hace caer al suelo)* … hay zonas más vulnerables, capitán Chandon. Eso es lo que haremos. Mañana es el cumpleaños de la Infanta… y todo está preparado. *(Carcajada)*

(Se van por la izquierda. Simultáneamente se ilumina de un modo discreto la parte derecha, por donde aparecen Lucas Olvido y su cuadrilla. Lucas empieza a cambiar su vestimenta. Le ayuda Tigre. Gafas, chaquetilla, cachaba…)

ESCENA 2

Lucas:

Venga, dispersaos, compadres. Gracias, Tigre.

El Séneca:

Buen golpe, Lucas Olvido.

Lucas:

Hoy nos ha ido bien…

(Salen todos menos el Séneca. Habla al público mientras, sonriendo, cuenta unas monedas.)

El Séneca:

Una vez más. Aposté que podríamos llegar aquí por las portillas de Sanlúcar, y he vuelto a ganar. Infelices… No saben con quién se juegan los cuartos. Como que soy "El Séneca"… Antes de nacer aposté con mi padre que sería alto, guapo, fuerte, inteligente, rubio… y perdí…, salí moreno. Casi todas las noches, damos un buen susto a los soldados de Napoleón. Les estorba la partida del legendario Lucas Olvido… "El Embozado", el… de "Nunca Víctor".

(Aparecen en el escenario Cairel y Canelilla. Cairel, sentada en una silla, le cuenta un cuento a Canelilla.)

El Séneca:

Ah, sí. Mirad. Quiero mostraros algo. Ajenas a la noche y a las acechanzas del enemigo, dos gitanas hablan al calor de un candil. Una es la vieja Cairel, capaz de leer la buenaventura en la mano de un muerto, y la otra… la joven Canelilla, hija de un vulgar mulero. ¿Vulgar?… Ella no lo sabe, pero ese mulero y Lucas Olvido son la misma persona. Ay, Canelilla, rama morena de una raza olvidada, que sueña con ser princesa…

ESCENA 3

Cairel:

Y entonces, para deshacer el encantamiento de la princesa, el valiente príncipe le dio una bofetá...

Gitanilla:

¿Bofetá? Creí que los encantamientos de las princesas se deshacían con un beso de amor.

Cairel:

Pues en este cuento se deshacen a bofetás.

Gitanilla:

Pues vaya cuento. No me hace gracia. Cuéntame otra vez lo de Lucas Olvido. Él solo contra veinte y...

Cairel:

Bah, bah, bah... Fantasías.

Gitanilla:

Al menos no se dedica a dar tortazos a las princesas.

Cairel:

Sabrás tú...

(Aparecen Lucas y Tigre.)

Lucas:

¡¡¡Hija mía!!!

Gitanilla:

¡¡¡Padre!!! Qué alegría.

Lucas:

Mira lo que te he traído.

Gitanilla:

¡Qué bonito!... Te habrá costao...

Lucas:

Vendimos bien aquella mula, ¿verdad Tigre?

Tigre:

¿Has ensayando el baile?

Cairel:

Eso, mejor harías en prepararte para mañana.

Gitanilla:

¡Voy a bailar para la Infanta!... ¡Qué cara se les va a quedar a todos...!

(Empiezan a sonar de fondo los acordes de la canción de cumpleaños de la Infanta.)

Gitanilla:

Y seré famosa...

El Séneca:

Sueña, sueña, chiquilla... Cádiz se olvida de la guerra y bate palmas porque mañana... *(Eleva la voz y presenta al público el acto I)* ... es el cumpleaños de la Infanta.

(Explosión de luz, música y color, se levanta el telón de fondo, con los decorados ya preparados para el comienzo del acto I.)

Acto I

ESCENA 4
CANCIÓN DEL CUMPLEAÑOS DE LA INFANTA

El Séneca:

Y ante ustedes, los más famosos espadachines del reino, Súnico y Valdés, se batirán con el noble conde Capriosky.

Capriosky:

Con vuestro permiso, alteza.

Infanta:

Machácalos.

(Baile de los espadachines.) (Entran de sopetón las gitanas de entre las que destaca Cairel.)

Cairel:

Arte de magia y misterio,
soplo de la inspiración.
Arte, temple, vista y suerte
y un remate... ¡transparente!

(Hay una explosión de humo y Cairel desaparece.)

Todos:

¡Ooooooh!

(Aparece Cairel –velada– con un golpe de música y luces junto al Aya, que se lleva un susto de muerte cuando ésta se quita el embozo, y todos prorrumpen en grandes aplausos.)

Aya:

¡Ahhh!

Infanta:

¡Josefina! Son trucos de farándula.

El Séneca:

Y ahora, el increíble…

Aya:

Ahora vais a ver bailar a la más hermosa gitana que conocieron los tiempos. ¡Que venga!

Infanta:

Una ¿qué…?

Aya:

Es una sorpresa, Alteza.

Infanta:

¡Gitanos!

(Entra la gitanilla –Canelilla– y embelesa al público con su danza.)

(De repente, hay un tremendo bombazo causado por los cañones napoleónicos y todos se asustan y se esconden donde pueden. El pueblo y los nobles de fondo se marchan.

Sólo permanecen en escena los personajes del estrado y dos guardias de la zona del pueblo. Pronto comprueban que no hay daños, se relajan y ríen.)

Marqués:

No ha sido nada, gracias a Dios.

Infanta:

Todos los días igual. ¡Qué miserables!

Capriosky:

Nos hemos acostumbrado a los malos modales de Napoleón.

Infanta:

Se me ha puesto un humor de perros, ¡bonita manera de celebrar mi cumpleaños! Estoy empezando a impacientarme…

Aya:

No, no, no, Alteza…

Infanta:

… Y eso es muy peligroso.

Marqués:

Están rabiando por lo que les hace Lucas Olvido. Según mis noticias…

El Séneca:

Ése sí que sabe pelear.

Aya:

¿Un bandolero?

Infanta:

¡Un quinqui, eso es lo que es, Josefina! ¡Un quinqui, el Lucas ese…! Mucha leyenda, pero ese canalla de

Víctor no nos deja en paz... Se me está levantando una jaqueca espantosa.

Capriosky:

Os afean el rostro esos mohines, Infanta. Tengo una sorpresa para vos. Olvidad al mariscal Víctor. Lo que nos espera os devolverá la sonrisa.

Infanta:

No puedo esperar, me estoy...

Capriosky:

... Impacientando, ya sé, Alteza. Os he preparado... un castillo de fuegos artificiales.

Marqués:

Magnífico.

Infanta:

¡Aaay, Capriosky!

Aya:

Genial, Conde.

Todos:

¡Bravo! ¡Bien! *(Aplausos y vítores)*

Capriosky:

Es mi regalo de cumpleaños para vos, señora.

Infanta:

Estoy impaciente...

Capriosky:

Me hago cargo, Alteza... Aunque éste no es buen sitio para apreciarlos. Invito a la Infanta y a su séquito a un baile en mi goleta, navegando por la bahía...

(Silencio mortal y murmullos, y cara rara del Séneca.)

Infanta:

¡Estupendo!, ¿verdad, chicas?

Marqués:

Eso no será posible, conde Capriosky.

El Séneca:

Señor Conde... Es peligroso... Los franceses...

Infanta:

¡Bobadas!

Marqués:

Lo siento. Infanta, no iréis...

Infanta:

¡Vamos, Capriosky! Me muero por ver tu barco...

El Séneca:

Alteza, debemos ser cautos...¡o no!

Marqués:

Es una temeridad...

Infanta:

Aquí mando yo, Villena.

Marqués:

Sois la esperanza de Cádiz... Si os capturasen...

Capriosky:

No hay peligro, amigo. Será fantástico, Alteza.

Infanta:

De eso estoy segura, Capriosky. ¡Vamos!

Dama 1:

¡Vamos, vamos!

Marqués:

No...

(Se van las Damas con gran jolgorio.)

Marqués:

¿Qué queréis que haga? No puedo con ella…

(Se van Séneca y Marqués.)

ESCENA 5

Aya:

¡Eh, Canela! Has bailado de maravilla. Su Alteza quiere que estés con nosotras... en el barco. Ven.

Gitanilla:

¿Al barco?

(La Gitanilla duda y empieza a acercarse al Aya, no sabe qué hacer pero la invitación la seduce irremediablemente.)

Lucas:

(Desde lejos) ¡Canelilla! ¡Vuelve aquí!

Aya:

Ella te espera... Es tu gran oportunidad.

Lucas:

¡Canela, deja eso y vente aquí! Ésa no es tu gente...

(Lucas y sus paisanos son contenidos por los alabarderos. El Aya agarra de la mano a la niña y tira de ella.)

Aya:

... Tendrás vestidos... Serás famosa...

Lucas:

Me la están robando... ¡Mi hija!

(La escena se congela y la Gitanilla piensa...)

Aya:

¡Vamos!

Gitanilla:

… ¿Y padre?

Aya:

Yo me ocupo, tonta.

Gitanilla:

Iré con vos.

(Canelilla se va con el Aya.)

Lucas:

(Forcejeando con los guardias y quitándose las gafas y la chaquetilla) Voy a cargarme a más de uno… ¡Dejadme pasar! ¡Devolvedme a mi hija!

(Lucas pelea contra un montón de alabarderos y guardias hasta que es reducido. Se lo lleva Cairel.)

Aya:

(Entrando sola) ¡Echad de aquí a esa chusma, Teniente!

(Todos los paisanos y gitanos han salido, pero queda uno semioculto al que los guardias tratan de echar.)

Aya:

No. *(Señalando al Tigre)* A ése dejadle pasar.

ESCENA 6

El escenario se vacía y sólo quedan el Aya, el Tigre y algunos alabarderos.

Tigre:

Lucas hará lo imposible por recobrar a su hija... Estará furioso.

Aya:

¡Bien, bien, Tigre! Ya tenemos a la gitanilla. Ahora te toca a ti. Haz que Lucas Olvido vaya a buscar a su pequeña, a la cueva de Grazalema.

Tigre:

Eeeh...

Aya:

Ah, claro. Lo tuyo, ¿eh? Ten. Aquí está la mitad de lo acordado.

Tigre:

Me la estoy jugando. No es fácil engañar a Lucas Olvido.

Aya:

Sabrás arreglártelas. Tendrás el resto cuando "el héroe nacional" esté muerto... Ahora, vete.

(Aparece Víctor entre los cortinones y aplaude con ademán majestuoso e irónico.)

Víctor:

¡Clap, clap, clap! Muy bien, Josefina. Por mi honor que sabéis urdir intrigas... Ja, ja. Por fin será mía esta ciudad... La trampa es perfecta. Sin lo que Carlota representa, los gaditanos son absolutamente vulnerables. El viejo Marqués de Villena rendirá la ciudad asustado por mi audacia, ja, ja, ja. ¿Y la joven gitana? Una pobre tonta que me llevará hasta Lucas Olvido. Sin ese guerrillero, mis tropas serán invencibles. Ja, ja, ja...

Aya:

Sois arrebatadoramente sagaz, mariscal Víctor.

Víctor:

Y vos deliciosamente perversa, Josefina.

Aya:

Ja, ja, ja.

(Se van todos. Aparece sólo el Séneca.)

El Séneca:

No te fastidia el Marqués ese "no puedo con ella, Séneca"..., y que vaya al barco, y que la cuide, y que me juegue la vida... Ésta va a ser mi guerra, hacer de niñera... Y luego la otra... "¡Estoy empezando a impacientarme!"... Cuántas cosas se arreglan con una buena bofetada a tiempo. Y... tenemos también a Capriosky: "os he preparado un castillo de fuegos artificiales"... Bieeeen... Y por la bahía, haala... Y por qué no mejor una cena en París, con Víctor, Napoleón, todos los franceses... Infanta de postre, ¿qué desea, guillotina o fusilamiento?... Ay, no sé, no sé...

¿Y vos Séneca? Mire, es que a mí la guillotina se me atraganta, y las balas me producen ardor de estómago, ¿no tendría un poco de leche con cicuta? En fin, vamos al barco, que la Infanta no espera.

(Sale de escena mientras se alza el telón negro que da paso al acto II.)

Acto II

ESCENA 7

Popa de un barco visto desde el palo mayor. Mástiles, escalas y, al fondo, el castillo de popa, timón y puente. Pululan algunos marineros. En el centro, la Infanta se acerca a un columpio rodeada por sus damas. El conde y el resto, alrededor de ella con risitas.

Infanta:

¡Esto es divino, Conde!

Aya:

Cuidado, Alteza. No os vayáis a caer…

Infanta:

Calla, idiota. No soy tan torpe como tú.

El Séneca:

Esta bañera se mueve mucho, señor Capriosky.

Capriosky:

Es una corbeta, plebeyo. Y es totalmente segura.

Infanta:

¡Menudo cascarón, Capriosky!

Capriosky:

Podemos alcanzar los quince nudos, Infanta. Pero si os da miedo...

Infanta:

¿Miedo? Ja, ja. No me creo que esta bañera logre salir del puerto. Estoy empezando...

Damas:

(A modo de broma, imitando a la Infanta) ... A impacientarme.

(La Infanta se enfada, no le ha gustado la broma.)

Capriosky:

¿Bailaréis?

Infanta:

No sé si me apetece...

Aya:

¿Queréis que baile la niña gitana?

Infanta:

No me digas que habéis embarcado a ese macaco...

Capriosky:

Baila bien...

Infanta:

Baila bien… Vais a ver lo que es bailar. Vamos chicas, a moverse. ¡Música!

(La Infanta se le acerca a la Gitanilla…)

Infanta:

Esto es bailar con estilo. Y no tengo que pasar después la pandereta, suplicando unas monedas.

Damas:

Ja, ja, ja…

Infanta:

¿Habéis visto qué harapos…?

Damas:

(Con risitas) Jui, jui…

Dama 1:

Espantosos.

Dama 2:

¡Están rotos!

Gitanilla:

Estoy aprendiendo a coser, los remendaré…

Infanta:

Así que ni coser sabes. Anda, piérdete.

Gitanilla:

Infanta…, yo…

Infanta:

Cuidadito con decir nada, respondona. Yo soy Infanta de España y tú no eres más que un perro vagabundo.

(Se oye un gong. El Aya adopta un aire de suficiencia.)

Aya:

Llegó la hora. ¡Cuánto he deseado este momento! Se acabó la juerga, cretina.

(Aparece de nuevo el Séneca distraído, sin que nadie repare en él y se queda de piedra oyendo al Aya.)

Infanta:

Estás firmando tu sentencia…

Aya:

… De nada, tía lista. Aquí viene quien firmará la tuya.

ESCENA 8

Entra con todo aparato el mariscal Víctor. Lleva una escolta de mamelucos. Se dirige a la Infanta. El Séneca, que sigue sin ser descubierto, se esconde en un saco.

Aya:

¡El mariscal Víctor!

Víctor:

Bonsoir, Madame. ¡Qué agradable sorpresa!

Infanta:

Pero..., ¿vos? ¿Qué...? Quiero una explicación...

(Se oye un trueno y cambia el viento. La corbeta se ha detenido.)

Víctor:

Es un placer presentaros mis respetos.

Infanta:

¡Esto es alta traición!

Víctor:

¡Sargento! Haceos cargo del navío.

(Los mamelucos empuñan las armas y arrinconan a la Infanta.)

Víctor:

Ahora sois mi prisionera, Infanta. Cádiz acaba de perder su marimandona esperanza...

Infanta:

Seréis arcabuceado...

Víctor:

Seguramente... Ja, ja.

Voz:

¡Barco a babor!

Víctor:

Aquí está..., son puntuales. Debo regresar a Cádiz.

Infanta:

¿Qué vais a hacerme?

Víctor:

Depende de vos, chiquilla... Si colaboráis, os mandaré a Francia y si no...

Infanta:

¿¡Qué!?

Víctor:

Si Cádiz no se rinde en las próximas horas, seréis carne de horca.

(Escupitajo de la Infanta.)

Víctor:

Estáis acabada. Vamos, señoras, vuestra misión ha terminado.

Dama 1:

Por fin, Mariscal, creí que nunca iba a llegar este día...

Dama 2:

Ahí te quedas, niñata.

Infanta:

¡Vendidas! Pero, tú, Josefina, ¿cómo has podido...?

Aya:

Ya veis...

Infanta:

Miserable... Nos veremos las caras, infieles, asquerosas, perjuras...

(La Gitanilla se lanza contra el Aya para morderla.)

Gitanilla:

¡Bruja!

Aya:

Te voy a dar en los morros, sabandija.

Denis:

Yo me ocuparé de ella..., señora.

Infanta:

Estoy empezando a impacientarme...

Aya:

Y eso ya no es nada peligroso, infantita...

(Burlas de las damas)

Víctor:

¡Silencio! ¡Al barco todas, se hace tarde!

(Dos mamelucos traen a la Gitanilla.)

Víctor:

Lo siento por ti, mico gitano, ya no me sirves para nada... ¡Arrojadla al mar!

Denis:

Su barco espera..., señor. Yo, personalmente, cumpliré la orden.

Víctor:

Está bien. *(Sale)*

Infanta:

¡Cerdo repugnante...! ¡Lo pagarás caro! ¡No me toques, cara de sapo...!

Infanta:

Capriosky... ¿Dónde está? ¿Qué le habéis hecho? ¿Qué vais a hacerme? Dejadme en paz... *(Sale)*

ESCENA 9

Denis va distribuyendo a sus hombres y despejando la cubierta. La Gitanilla, anonadada, se ha acurrucado en un rincón.

Denis:

Ocupad vuestros puestos.

El Séneca:

(Saca la cabeza de su escondrijo y habla sorprendido) Pues vaya cómo ha acabado la juerguecita del columpio. Y qué hago yo ahora…

Denis:

Los prisioneros a la bodega. Deprisa.

El Séneca:

Ante todo calma, respirar profundamente y pensar… Pero pensar, ¿qué?

Denis:

¡Cabo!, liberad al piloto para que dirija la nave. Que larguen todo el trapo… Nos vamos de aquí…

El Séneca:

Tendré que salir y luchar. *(Ve llegar a un mameluco cachazas con la Gitanilla)* … Mejor sigo pensando.

Denis:

Es cosa mía, Yasser. Lárgate.

(Menudean los marineros y los mamelucos y, al cabo, sólo quedan sobre el escenario el francés y la niña. Se acerca a ella.)

Denis:

Muchacha…

(La niña no responde y hace un mohín para evitar que la toque. Denis se aleja y se asoma por la borda, respira profundo y vuelve a cubierta, saca de su pecho una carta y empieza a leer.)

Denis:

"Querido Denis: Dicen en el pueblo que tu vuelta es cuestión de tiempo, que no me consuma pensando…"

Voz en off:

… pero en esta soledad he aprendido a odiar el tiempo, como haces tú. Denis, te necesito tanto… Quiera Dios que no me faltes nunca. Esa guerra horrible que te ha llevado a España me asusta. Me siento triste, tan rodeada de tu ausencia, pero sabes que te llevo siempre conmigo porque ya no sé cómo ser yo sin ti. Te quiero tanto, Denis… Miro al cielo y, ¿sabes? Encuentro un millón de estrellas y ninguna respuesta. Sólo la Luna alivia mi pena, y confío que tú la estés mirando. Dime, Denis, ¿puedes ver la luna desde donde tú estás?

(Denis se sorprende de la segunda voz de Canelilla, pues no reparaba en ella.)

Denis:

¿Te sabes la canción?

Gitanilla:

Cairel me la enseñó.

Denis:

¿Cairel? ¿Quién es Cairel?

Gitanilla:

¿Vais a tirarme al agua?

Denis:

¡Estará muy fría!

(Sale el Séneca de su escondrijo y habla al público.)

El Séneca:

Qué raro, ¿no? Dos enemigos cantando a dúo en plena guerra… Menos mal que no aposté…

Denis:

(Guarda la carta) Gitanos… "Parece que los gitanos y gitanas solamente nacieron en el mundo para ser ladrones: nacen de padres ladrones, críanse con ladrones…

Gitanilla:

… estudian para ladrones y, finalmente, salen con ser ladrones corrientes y molientes a todo ruedo".

Denis:

(Asombrado) También conoces la novela… ¿Sabes leer?

Gitanilla:

(Niega con la cabeza) Cairel me contó la historia de la gitana Preciosa…

Denis:

Creí que no deseabas hablar conmigo…

Gitanilla:

Antes me has defendido…

Denis:

Sólo te he ahorrado un bofetón. ¿Tienes miedo de mí?

Gitanilla:

Tú me has llamado ladrona, pero vosotros nos habéis robado a la Infanta y a mí.

Denis:

Es la guerra. Yo también estoy lejos de mi casa, gitanilla, haciendo cosas que no me gustan. Echo tanto de menos…

Gitanilla:

A tu mujer.

Denis:

Nos íbamos a casar… y ya ves.

Gitanilla:

¿Y estabas cantando a…?

Denis:

A ella, sí. Se llama Marie.

Gitanilla:

Yo también le canto así a la luna, a las estrellas… Oye…

Denis:

Denis. Mi nombre es Denis Dupont, sargento de granaderos…

Gitanilla:

¡Ah!... El mío es Canela, pero todo me llaman Canelilla, y tengo un burro, ¿sabes? Se llama Lucero por una manchita blanca que lleva en la testuz. Parece una estrella. ¿Quieres que te regale una estrella?

Denis:

Las estrellas son de todo el mundo...

Gitanilla:

Ésta no. Mira, ¿la ves allá arriba? Te acaba de hacer un guiño. Le has debido gustar. "Cuando mires al cielo, por la noche, la verás y te acordarás de mí. Entonces te echarás a reír y tus amigos pensarán que te has vuelto loco. Te habré hecho una mala jugada".

Denis:

Eres admirable, chiquilla...

(Vuelve a salir el Séneca de su escondrijo y hace ademán de mirar al cielo.)

El Séneca:

¿Luna? ¿Estrellas? ¿Qué estarán viendo estos dos? Pero si está nublado. Qué luna ni qué niño muerto...

(Sopla fuerte el viento.)

Soldado 1:

¡Aleeerta!

Soldado 2:

¡Barco a estribor!

Soldado 3:

¡Y a babor!

Soldado 1:

¡Piratas!

Voz en off:

¡Al abordaje!

ESCENA 10

Escena espectacular de abordaje. Entre ellos destaca el capitán McIvory, un grandullón con barbas que parece ser el jefe.

Termina la canción y los piratas han sometido a toda la tripulación.

McIvory:

Tomo bajo mi mando lo que es esta embarcación. Que no se me mueva nadie, que la liamos. A ver, sacadme lo que son los prisioneros.

Caraperro:

Marchando una de prisioneros.

Pirata 1:

Ya suben, capitán.

(Caraperro descubre al Séneca.)

Caraperro:

Eeeepa, ¡saco con escabeche!

El Séneca:

Servicio de restaurante de la flota Capriosky... ¿Qué desean los señores?

Caraperro:

Tu cabeza.

McIvory:

¡Caraperro!

Caraperro:

Ya va, ya va...

El Séneca:

Puedo serles muy útil, tengo algunas nociones de piratería... ¿Nos matará?

(Los piratas miran al Séneca y asienten ansiosos.)

El Séneca:

¡No quiero moriiir!

McIvory:

Aquí, que se presencien individualmente de uno en uno.

(Entran en escena, por puertas distintas, la Infanta y el Conde. Otros piratas se acercan a Denis y a la Gitanilla.)

Infanta:

¡Capriosky! ¡Estás vivo!

Capriosky:

¿Quiénes sois? ¿Qué vais a hacernos?

Infanta:

¡Soltadle inmediatamente y retiraos!

McIvory:

¿En nombre de quién, mocosa?

Infanta:

¡En nombre de la infanta Carlota Joaquina de Borbón!

Todos:

(Asombrados) ¡Ohhh!

El Séneca:

(Dándose importancia) ¡Ja!

(Bofetón descomunal de McIvory a la Infanta, que la desplaza varios metros.)

Todos:

Ja, ja, ja...

McIvory:

Bueno..., ¿por dónde íbamos?

Gitanilla:

¡Bruto!

McIvory:

Ahora mismo estoy contigo, niña. Primero, el condesito...

Capriosky:

¡Por favor, por favor...!

McIvory:

¿No eres tan bueno con los aceros? Pues desenvaina y canta el requieternam, porque te voy a desmondongar el andamiaje de mesié que luces...

Capriosky:

Pagaré lo que pidáis...

McIvory:

¿Y con qué guita, chalao? ¿Con la que ibas a sacar por haber traído aquí a la Infanta caaa... coooo... jajojo... no-sé-qué no-sé-cuantos...?

Capriosky:

(Desenvainando) No, no quiero pelear... ¡Por favor!

McIvory:

No me gimotees que se pone la cubierta pringosa. Venga, pelea. Te voy a dar el pasaporte para el seculaculorum...

(Capriosky lanza una estocada traicionera a McIvory. Éste la esquiva y comienza el duelo.)

Todos:

¡Huy!

(Breve combate con sables. McIvory demuestra ser mucho más diestro y se divierte con la pelea. Desarma al conde y con un hábil zig-zag le corta los pantalones.)

McIvory:

Vamos, espabilao. ¿Dónde está ahora tu espadachinarro? A ver, ¿lo ensarto primero o lo mando entero a lo que son los fondos abisales?

Caraperro:

Mejor ensartado.

Pirata 1:

No, que se espatarre contra el agua.

Pirata 2:

Que nade un poco y hacemos puntería con los arpones...

Caraperro:

Un pinchacito, luego al agua, y luego arpones...

Infanta:

Asesinos..., dejadle en paz.

Gitanilla:

Él protege a la Infanta...

McIvory:

Ja, ja. ¿Que protege a quién? Venga, condesito, desembucha y dile a la Infanta lo que pintas tú en este barco...

Infanta:

¡Está prisionero igual que yo!

McIvory:

¿Estabas prisionero? Vamos a hacer una cosa, Miloro: si cantas por lo derecho y enjaretas la verdad, te dejo en su sitio el pellejo. Al más pequeño embuste, te jurisprudencio por la baranda rumbo al fondo del mar.

Caraperro:

Con el gaznate rebanado.

McIvory:

Hombre, no va a ser sin rebanar...

Capriosky:

Yo...

McIvory:

¿Largas o no?

Capriosky:

Tenía el encargo de... secuestraros...

Infanta:

¿Qué...?

McIvory:

Más...

Capriosky:

El mariscal Víctor me pagó para sacaros de Cádiz.

Infanta:

Capriosky… ¡Me has engañado!

McIvory:

¡A cambio de qué, condesito! Dile a cambio de qué.

Capriosky:

Yo…

Infanta:

Infame…

McIvory:

Suéltalo todo, Miloro.

Capriosky:

Me pagaron bien y podría….

McIvory:

Podrías, ¿qué?

Capriosky:

… ser nombrado Gobernador de Cádiz, una vez que la ciudad se hubiera rendido.

Caraperro:

Va a ir al agua…

Infanta:

Eh…

McIvory:

Sí, chatita. Ya ves quién era tu romeo.

Infanta:

Será cerdo…

Caraperro:

¡Al agua con él!

Todos:

¡Al agua con él!

Caraperro:

¡Condesito a la plancha!

Pirata 1:

¡Ya está la plancha!

Capriosky:

¡Nooooooo!

McIvory:

¡Quietos! … Pazta-sun-seranda.

Caraperro:

Lo que a nivel de Capirosky se traduce en…

McIvory:

Que no va al agua, leñe. Los pactos son para cumplirlos, y el periquito, al final, ha cantado. Así que… ya se lo venderemos a los turcos…

(Se llevan a Capriosky con gran jolgorio.)

McIvory:

Y ahora… las pocholinas.

(Denis se interpone y protege a las chicas.)

Denis:

No las toques, renegado. Antes tendrás que matarme.

McIvory:

Oh, con mucho gusto, gabacho. ¡Caraperro, la escopeta de retranca!

Todos:

¡Ooooooh!

Caraperro:

No, Dios mío, no... la de retranca no...

McIvory:

Chitón, Caraperro. Obedece, que vamos a armar aquí la funeraria.

Caraperro:

¡La de retranca!

Pirata 1:

(Con un susurro de angustia) ¡La de retranca!

Caraperro:

Es demasiado cruel, Capitán... Consideradlo.

McIvory:

Reza lo que sepas a nivel de cantimpace, chalado. Tú lo has querido...

Gitanilla:

No lo hagáis...

Denis:

Apártate, Canelilla. Sólo tengo pena de abandonarte en manos de semejante bestia...

McIvory:

¿Has acabado tus rezos? Pues, hala...

(Suena un disparo terrorífico y una densa humareda. Denis cae hacia atrás y le auxilian la Gitanilla y la Infanta.)

El Séneca:

Su padre... *(Se desmaya)*

Infanta:

Criminal...

Gitanilla:

Por Dios, Denis...

(Tras un instante de estupor, todos los piratas estallan en una carcajada y Denis se endereza asombrado, pues no está herido.)

Denis:

No..., no estoy herido...

Piratas:

Ja, ja, ja, ja...

Caraperro:

Sólo tengo pena de abandonaros...

Denis:

No tenéis derecho a humillar así a la gente. Sois... despreciable.

McIvory:

No te me chines, soldadito. Sabía que no eras un rana, pero tenía que probarlo. Me has caído lo que se dice bien.

Denis:

¿Ehhh?

McIvory:

¡Ya no habrá más daños, hombre! La escopeta de retranca es uno de mis trucos preferidos para hacer cantar a los prisioneros, y... probar a los valientes, ¿verdad, muchachos?

Piratas:

Siiiiiií, ja, ja.

McIvory:

Purito fogueo, no es más que pólvora..., ja, ja.

Denis:

No entiendo...

Caraperro:

¿Podemos tirar al rarito al agua? *(Señalando al Séneca)*

El Séneca:

Un momento, tranquilos.

(Gestos de los piratas de por favor, por favor.)

McIvory:

Bueno.

Todos:

¡¡¡Al agua, al agua!!!

Denis:

¿Pero qué hacen...?

McIvory:

Tranquilo, es una broma, ¿vale? Venga, choca esos cinco mandamientos, ¿amigos..., Denis? *(Tiende la mano)*

Denis:

¿Denis? ¿Sabéis mi nombre?

Caraperro:

"Querido Denis, puedo escribir las palabras mas tristes esta noche..."

Todos:

Ja, ja, ja.

Denis:

Lo habéis oído…

McIvory:

Yo chano un rato largo de lo que pasa en mis mares.

Todos:

Ja, ja, ja.

McIvory:

Pero somos los buenos, ¿eh?

(Se oye llorar a la Infanta, que está apartada del grupo.)

McIvory:

Ay, su padre, y a ésta, ¿qué le pasa ahora?

Caraperro:

Nada. La han secuestrado.

Pirata 1:

Cádiz la considera traidora.

Caraperro:

La han vendido sus damas.

Pirata 1:

Su novio era un sinvergüenza…

Caraperro:

Nada en especial… Un día agitado…

McIvory:

Adolescencia.

Infanta:

Cerdo apestoso.

McIvory:

¡Eh, eh! Sin faltar, pochola…

Infanta:

No me llames pochola ni me tutees, malnacido, canalla, criminal…

McIvory:

Mucha lengua… ¡Presumida!

Infanta:

¡Sinvergüenza!

McIvory:

¡Engreída!

Infanta:

Eh… ¡Gordo!

Todos:

Pfff…

McIvory:

¿Qué? ¿Gordo yo? ¿Cómo te atreves…? *(Saca el sable, tensión)* Fuera todos.

Caraperro:

Dios mío, Capitán, no os dejéis llevar por…

McIvory:

¡He dicho que fuera!

(Salen todos y McIvory se queda solo con la Infanta.)

Caraperro:

Capitán…

McIvory:

¡Largo!

(Salen.)

ESCENA 11

Infanta:

(Solloza) Hmm…

McIvory:

Ejem… Esto… Siento lo de la bofetada, ¿vale?

Infanta:

Bah.

McIvory:

Ya os he pedido perdón, ¿no? ¿Queréis darme a mí una?… Venga…

Infanta:

Me da igual.

McIvory:

Pero venga…

Infanta:

Me da igual todo. Déjame en paz.

McIvory:

Bueno, vamos a ver. Dejadme que os participe algo… Yo no estoy aquí por un casual, ¿sabéis? Ahora voy a devolveros a Cádiz. Una vieja amiga me pidió este favor. Así que tranquila. Tenéis una misión que cumplir.

Infanta:

¡Ja! Yo ya no soy nadie.

McIvory:

¿Y antes lo erais?

Infanta:

(Solloza) Hmm…

McIvory:

Bueno, chata, perdonad... Lo siento, lo siento... Antes... sí, Infanta, ¿y qué? Ya habéis visto... Podríais ser alguien. Hay algo en vos...

Infanta:

¿Qué sabrás tú?...

McIvory:

Algunas cosas sí que sé...

Infanta:

Seguro...

ENSUEÑO DE LA PRINCESA NACTAL

McIvory:

Desembarqué una vez en un puerto guaraní, ¿sabéis? En aquél territorio había una leyenda de un horroroso monstruo emplumado...

Infanta:

Leyenda...

McIvory:

Eran veinte doncellas. Vedlas. Cada año eran entregadas para saciar la voracidad de Nohuocacteló, la furiosa serpiente alada, que vivía en un monte cercano. Ante los rugidos de la bestia, los indígenas creían que aquél dragón se los comería a todos si no lo hacían así.

Infanta:

Estoy impresionada.

McIvory:

Escuchadlas.

Coro Indias:

Con los ojos vendados,
con el cuerpo temblando
moriremos a manos
de una bestia infernal.
Pero nuestro sacrificio
es un buen sacrificio:
nuestro pueblo sencillo
vivirá siempre en paz.

McIvory:

Llegaron a la entrada de la cueva. Y entonces…

Dragón (off):

Grruaaaagh!

McIvory:

Y ellas…

Doncellas:

Aaaaaahhhh!

McIvory:

Y otro más cuando descubren los huesos pelados de sus predecesoras…

Doncellas:

Aaaaaahhhh!

Infanta:

Me estás poniendo nerviosa…

McIvory:

Pero había entre ellas unas princesas: ¡Nactal! Y Nactal era de otra pasta, Carlota. No se amilanó y les habló así a sus hermanas enarbolando una tranca:

Nactal:

Armaos de piedras y palos, que a ese bicho lo vamos a dejar seco ahora mismo entre todas.

Doncella:

Pero, princesa Nactal…

Nactal:

Y también puedo dejar seca a la que llore o a la que se eche para atrás. Así que adelante.

Infanta:

Muy fina.

McIvory:

Un poco mosca sí estaba.

Infanta:

¿Y lo mataron?

McIvory:

¡Callad!

Infanta:

¿Se las comió?

McIvory:

Un momento, no os impacientéis…

Coro Indias:

Con los ojos abiertos,
con la tranca en las manos
le hemos dado a la bestia
un golpe mortal.

Se acabó el sacrificio.
No era nuestro destino.
Nuestro pueblo sencillo
vivirá siempre en paz.

McIvory:

Tanto miedo y tanta gaita y al final todo era…

Infanta:

¿Un pufo?

McIvory:

Eh… una fula, un bluff, una mentira, una superchería y un rollo nacido de un mal rollo, no había ningún monstruo. El rugido era el viento de la cueva. Las chicas anteriores se habían muerto del susto, o despeñadas al correr sin quitarse la venda. El cacique y su cuadrilla vivían de una superstición. Hizo falta el coraje de una princesa para deshacer toda esa mentira. ¿Os dais cuenta? Una princesa, que luego llegó a ser reina y…

Infanta:

Esa princesa no existe.

McIvory:

¡Esa princesa eres tú!

Infanta:

Venga ya…

McIvory:

¿Tenéis miedo?

Infanta:

No tengo miedo.

McIvory:

Eso ya lo sé. Pero hay cosas que aturullan más que el miedo.

Infanta:

¿Como qué?

McIvory:

Como vivir en una burbuja...

Infanta:

Burbuja... ¿Qué vida me queda ahora?...

McIvory:

Eh, escuchad. Dejad de compadeceros y echad una visual a vuestro alrededor. El sargento franchute acaba de jugarse el pellejo por vosotras dos, ¿a cambio de qué?... ¿Veis a la gitana? Víctor la hizo traer aquí para despachar a su padre y cuando lo enganche lo eliminará.

Infanta:

¿Y qué tiene que ver su padre en...?

McIvory:

¿Os suena el... "quinqui" de Lucas Olvido?

Infanta:

¿Es su padre?

McIvory:

Sí, un tío que lleva la intemerata partiéndose el alma por lo que vos representáis. Esa gente es vuestra gente, Carlota, y necesitan un capitán.

Infanta:

¿Qué pretendéis de mí?

McIvory:

¿Yo? Yo no soy un pretendiente. Mi vida está lo que se dice resuelta, guapa. Vivo en la mar y no necesito nada.

Infanta:

La gitanilla…, ¿sabe lo de su padre?

McIvory:

(Hace un gesto negativo) Hmm.

Infanta:

La he tratado como a un perro… *(Gime)*

McIvory:

Sabréis arreglarlo. Otra llorera… *(Apoya una mano en su hombro y le da un pañuelo)* Tomad…

Infanta:

Gracias.

(Entran Caraperro y Pirata 1, asombrados de lo que ven sus ojos.)

ESCENA 12

Caraperro:

Ejem...

McIvory:

Y que no me vuelva a enterar... Ya os lo he dicho mil veces... ¿Qué ocurre, Caraperro?

Caraperro:

Tierra a estribor.

(Entran la Gitanilla, Denis, el Séneca y el resto de piratas.)

El Séneca:

Sois muy graciosos, pero que muy graciosos.

Caraperro:

Vaya susto, ¿eh?

El Séneca:

Un día os vais a enterar de quien es... Ehhh... Aquí ha pasado algo...

Caraperro:

Uuu, si yo te contara...

McIvory:

Calla, caramula... Que he pergeñado un pedazo de estrategia en la mollera. Atentos todos, que éste es el plan. Esta noche os desembarcaré en aquella costa, cerca del campamento de Canelilla. Cairel os ilustrará a ti y a la Infanta sobre lo que hay que hacer.

Infanta:

¿Cómo que qué hacer? Volver a Cádiz inmediatamente. Nos van a oír.

El Séneca:

Hu, hu...

McIvory:

Espabílamela, Caraperro, que tú has estado nadando por el puerto... Dile lo que se cuece en la ciudad.

El Séneca:

El espía enmascarado, quinta parte.

Caraperro:

El pescado sigue subiendo, vientos moderados de componente Este en el estrecho, está pegando muy fuerte una nueva fragancia de Kapurtala..., la canción del verano es Sha la la lá...

McIvory:

Y eso que es de ciencias... ¡Caraperro!

Caraperro:

Vuestras damas fueron recogidas anoche sobre una chalupa en la bahía. Han contado a todo el que ha querido oírlas cómo las abandonasteis en alta mar y os fugasteis con el conde Capriosky. La ciudad tragó y... os han declarado renegada y condenado a muerte. Qué simpáticas, ¿verdad?

McIvory:

No podéis volver a Cádiz, porque os ahorcarían.

El Séneca:

Pintan bastos.

McIvory:

Incluso había pensado enrolaros en mi tripulación...

Caraperro:

Somos unos piratas muy chulos.

El Séneca:

A ratos...

Infanta:

Muy bien. Pues si en Cádiz no me quieren..., me haré pirata. *(Risas de todos)*

Gitanilla:

¡Y yo!

Infanta:

Se van a enterar...

Piratas:

Ja, ja.

Caraperro:

Abordajes de infarto con... ¡cha-na-nán: Carlota y Canela...! Dame el barco que me estoy empezando a impacientar...

Pirata 1 :

Si tú me das el barco, yo te regalo una estrella, ¿vale? *(Risas de todos)*

Caraperro:

Uuuuhhhh, sólo nos faltaría llevar al Séneca, para a las dos... *(Muchas más risas)*

El Séneca:

Ja, ja, ja... Me parto. ¿Quién quiere ser el primero?, venga, gallitos.

(Se quita la chaqueta y se pone en posición de pelea con un sable.)

Todos:

¡¡¡¡Yo, yo... !!!!

El Séneca:

Apostad a que tumbo al menos a diez.

(Golpe de espada que le arranca la suya de la mano.)

El Séneca:

¡Devuélveme mi espada! ¡Tonto!

McIvory:

Basta de bufonadas. El gabacho sí que me haría buen avío aquí, pero barrunto que es mejor que os guíe en tierra. Séneca, a ti te reservo un papelito que te va a gustar.

El Séneca:

Ya me sé yo...

McIvory:

Tú no tienes ni idea.

El Séneca:

Y vos.

McIvory:

Mi gente y yo tenemos otro negociado mañana.

Infanta:

¿Cuál?

McIvory:

Una aventura...

ACTO III

ESCENA 13

Delante del telón. Aparecen Lucas con bandoleros y Tigre.

Tigre:

Al otro lado de esta cueva está tu hija.

Lucas:

¿Estás seguro, Tigre?

Tigre:

Pude seguirles. Será fácil rescatarla.

Lucas:

Buen trabajo, amigo. Lo van a pagar caro. (*Oye un ruido. Cargan las armas.*)

Tigre:

Tranquilos, en esta parte no hay franchutes.

(*Aparece Chandon y los franceses y les hacen prisioneros.*)

Chandon:

Ohhhh, Lucas Olvido... No eres tan listo al fin y al cabo. Esto es para ti, Tigre...

Lucas:

¿Tigre?... Traidor, malnacido! Te mataré.

Tigre:

No creo que te dé tiempo...

Chandon:

¡Lleváoslos!

SUBE TELÓN

ESCENA 14

Campamento de los gitanos. La escena presenta los carromatos alrededor de un claro del bosque. Hay luna llena. Una pequeña fogata alumbra el centro del escenario. Junto al fuego, con unas canastas, están Cairel y otras tres mujeres. Al otro lado de la hoguera están el tío Ginés, Orestes y tres o cuatro gitanos más.

Hilaria:

Y que no se me va de la cabeza lo de Canelilla...

Facunda:

Mu raro todo.

Pandora:

Un par de guantadas habría que darle. Mira que marcharse así con las madamas...

Cairel:

Guantadas te van a llover a ti, Pandora, como no acabes ese canasto.

Facunda:

Eso, que no haces más que gurruños con las mimbres.

Pandora:

Gurruños... Manos delicadas y bien relimpias es lo que yo tengo. De duquesa. Y no como otras, que no sé cómo se tienen de pie con tanto bicho encima.

Facunda:

Pero Pandora, si en tus zarpas se podrían sembrar cebolletas.

Hilaria:

Manitas de cerdo tiene...

Pandora:

¿Es que quieres que te plantifique una en la cara?

Tío Ginés:

Aaayyy. Haya paz, comadres. ¿No pueden pasar la tarde sin chincharse unas a otras? Ni que fuera esto el Palacio de Aranjuez...

(Suena una campanilla y se oye un ruido extraño.)

ESCENA 15

Hilaria:

Dios mío, qué susto. ¿Qué ha sido eso?

Tío Ginés:

¡La trampa! Vamos, Orestes… (*Salen disparados*)

Pandora:

¿Qué habrá caído? ¿Un mameluco?

Cairel:

O una liebre, porque éstos…

El Séneca:

(*Por detrás dando un susto*) Me da en la nariz que es algo más gordo…

(*Entran varios gitanos con un saco en el que hay alguien y lo arrojan al suelo delante de todos.*)

Cairel:

Séneca, ¿de dónde sales tú?

El Séneca:

Pasaba por aquí…

Tío Ginés:

No tocarlo nadie. Orestes, airea la faca no vaya a ser un napoleoneso de ésos.

Hilaria:

Tenga cuidado, señor Ginés.

Facunda:

Mu raro todo.

(Saca una navaja y rasga la tela. Del saco salen la Infanta y la Gitanilla, mirando asombradas.)

Todas:

¡Uuuhhh!

Cairel:

Mira qué par de gazapos...

Facunda:

¡Canelilla!

El Séneca:

Voilà. Aquí están. Perdidas, encontradas. Y ahora con toda la esperanza puesta en la sabia Cairel, porque las dos se han quedado sin reino...

Cairel :

Mire usted, señor Ginés, ésta es... la infanta Carlota.

(Silencio total.)

Tío Ginés:

Vaya poquita cosa es...

Facunda:

¿Y a ésta es a la que quieren ahorcar?

El Séneca:

Mete un poco más la pata, anda, Facundita guapa.

Hilaria:

(A la Infanta) Es que es tonta, la pobre.

Cairel:

No os asustéis, pero en Cádiz...

Infanta:

Ya... Me han condenado... No sé qué hacer.

Gitanilla:

Aquí cuidaremos de ti, hasta que todo se arregle, ¿verdad tío Ginés?

Tío Ginés:

Aaay.

Cairel:

Pues claro, pequeña... Que éstas tienen más educación que las madamas de la corte.

Tío Ginés:

Cairel, hay que avisar al padre de ésta *(señala a Canelilla)*, igual estamos a tiempo.

Gitanilla:

¿Mi padre...? ¿Qué le ha pasado a mi padre?

Cairel:

¡Ya podía usted callarse de vez en cuando!

Gitanilla:

¿Dónde está padre, Cairel?

(Silencio, todos disimulan, incluido el Séneca.)

Cairel:

Ehhh... Por ahí.

El Séneca:

Eso, por ahí, ¿dónde iba a estar...? ¿Por qué no nos enseñas las carretas...?

Infanta:

Haalaaa, son preciosas…

Gitanilla:

Cairel, quiero hablar con padre, dime dónde está.

Facunda:

Pa mí que se lo tienes que decir…

Gitanilla:

¿Decir qué? ¡¡¡Cairel!!!

Cairel:

Vale, tú verás.

(Se sientan.)

Cairel:

Tu padre se fue ayer para rescatarte de manos del mariscal Víctor. Te han utilizado para capturar a Lucas… Olvido.

Gitanilla:

¿A Lucas Olvido? No…, no entiendo… ¿Qué dices?… Ni que mi padre fuera…

Cairel:

Pues… sí.

Infanta:

Tranquila…

Gitanilla:

Lucas… Olvido… es… clavado a padre. Por eso les habrán confundido…

Cairel:

Pero, ¿tú eres boba o qué, chiquilla? No es que sea clavado, es que Lucas Olvido y tu padre son la misma persona.

Gitanilla:

¿Tú has bebido, Cairel? Yo creí que padre... ¡Papá es Lucas Olvido!... *(Llora)* Todo ha sido culpa mía... *(Llora en el suelo desconsolada)*

Infanta:

No, Canelilla.

Tío Ginés:

Lucas sabrá arreglárselas. Así que de momento...

El Séneca:

... Habrá que irse a dormir un rato... ¡Excelente idea Señor Ginés!

Tío Ginés:

Aaayy.

El Séneca:

Vamos, vamos...

Cairel:

Vamos, hijas.

Pandora:

Venid conmigo, majestuosa.

Facunda:

Ya se le han hinchado las insuflas a ésta.

Pandora:

Es que no quiero que le pegues la sarna a la princesa... *(Se llevan a Carlota)*

Cairel:

Vamos, Canelilla.

Gitanilla:

He visto a Lucero. Le doy una miajita de hierba y me acuesto. Por favor, por favor, por favor…

Cairel:

No tardes…

El Séneca:

Diablo de chiquilla… *(Se van)*

ESCENA 16

Gitanilla:

¡Lucero! Ayer vi, desde un barco, lucir tu estrella en el cielo…

(Canelilla se da cuenta de que le acompaña Carlota.)

Gitanilla:

Infanta… Dónde os he traído…

Infanta:

Me gusta tu casa, gitanilla.

Gitanilla:

¿Os burláis?

Infanta:

Lo digo en serio. Toda esta aventura, la traición de Capriosky y de mis damas, la nobleza del capitán McIvory… Sí, ha sido como si me despertara de un sueño…

Gitanilla:

A bofetadas…

Infanta:

Nadie jamás me había hablado como él…

Gitanilla:

Sois casi una reina…

Infanta:

Soy una reina de nada: vanidad, adulación y mentiras.

Gitanilla:

A mí me apasionaban vuestros vestidos…

Infanta:

Me encuentro mejor así... ¿No te das cuenta, chiquilla? ¿Qué parezco?

Gitanilla:

(Riendo) ¿Una gitana?

ESCENA 17

Voz en off:

¡Allons!

Infanta:

¡¡No!!

(Se oye el grito y un enorme estruendo de armas y carreras y todo se llena de soldados franceses, que con sus fusiles apuntan al grupo. Un oficial se acerca a la Infanta amenazándola con su sable.)

El Séneca:

¡Es una redada! ¡A largarse!

Chandon:

Vaya una sorpresa, Alteza. Se acabó el juego. Ahora, vendréis conmigo. ¡Soldados...!

Cairel:

Vas muy deprisa, mameluco.

(Aparta el sable del soldado, arroja la botella al suelo y con la humareda que se produce, desaparecen las tres.)

Chandon:

¡Eh!

Soldado 1:

¡No están!

Soldado 2:

Esto es brujería.

Soldado 3:

Vámonos de aquí.

Chandon:

¡Quietos! ¡Quietos todos! ¡Buscadlas! ¡Registrad las carretas!

(Los franceses se dispersan, se oye un ruido en el bosque. Le siguen muchos. Se oyen gritos y el sonido de unos aullidos por la derecha del espectador que ponen los pelos de punta. Chandon y su gente están muy asustados.)

Chandon:

Ninguno de nosotros ha estado hoy aquí, ¿entendido?... *(más aullidos)* Yo creo que están por ahí, vamos.

(Cuando la escena queda vacía, aparece el Séneca.)

ESCENA 18

El Séneca:

Mi madre... En un rato que he ido a echar una cabezadita se ha montado aquí un zipizape de mil demonios. Ah, la treta de Cairel... ¿Pensáis que se han ido muy lejos? Mirad.

(Aparecen Cairel, la Infanta y la Gitanilla, que van saliendo con precaución.)

Infanta:

Es increíble... También lo hiciste en mi fiesta.

Cairel:

Os gustó, ¿eh? Y con lobos y todo.

El Séneca:

Hay que largarse, gente.

Cairel:

Nos esconderemos en...

Gitanilla:

No, no...

Infanta:

Cairel, llévanos al acantilado. Sé que es allí donde llevan a los presos...

Cairel:

Ni soñarlo, Alteza.

Gitanilla:

Yo iré también.

Cairel:

¡He dicho que no!

El Séneca:

Éstas creen que la vida es un sueño y no saben que los sueños…

Cairel:

… Sueños son.

Infanta:

¿Ah sí?

Cairel:

¿Pretendéis que me crea que es cuestión de soñar?

Gitanilla:

Y echarle duende a la vida…

Infanta:

Y tratar de volar.

Cairel:

Tendrá su riesgo…

Gitanilla:

¿No me digas?

Carlota:

Mmm…, ¿qué es mejor?

Gitanilla:

¿Quedarse ahí parado…

Carlota:

… Sin vivir ni soñar?

(Se escapan la Infanta y la Gitanilla.)

Cairel:

¿Se han ido? Vaya por Dios…

El Séneca:

Tal para cual: si cae una cae la otra. Como las fichas del dominó.

Cairel:

Van a estropearlo todo. Ay, Dios mío. ¡Venga, vámonos, que ya se está levantando el día!

El Séneca:

Voy contigo, Cairel. ¡Menudo oficio!

Cairel:

Vamos gente, que mañana matan a Lucas Olvido.

(Se van.)

Acto IV

ESCENA 19

Al caer las rejas, se cubre todo el frontal del escenario. Tras ellas, se ve a Lucas Olvido y su cuadrilla en camisa y con grilletes en las manos. Poco a poco, se va formando una cuerda de reos y empiezan a ascender por una rampa que les interna en la oscuridad del escenario.

Denis:

En nombre de Su Majestad Imperial y de las leyes de la guerra, se procede a la ejecución de una partida de bandoleros. ¿Tienen algo que alegar los prisioneros?

Chandon:

Sargento, proceda.

Denis:

Soldados, ya conocéis las órdenes. ¡Pelotón!

Voz en off:

¡No!

Denis:

¡Apunten!

Gitanilla:

¡Noooooo!

ESCENA 20

La Gitanilla llega corriendo y se abraza a su padre.

Lucas:

¡Canelilla!

Gitanilla:

¡Padre! ¡Todo es culpa mía!

Lucas:

No, vete…

Chandon:

¡¡¡¡¡Sargento!!!!!!

Denis:

Apártate, gitana.

(Golpe a Lucas.)

Gitanilla:

¿Denis?… ¡Mentiroso! ¡Me has engañado! ¡Embustero!

Chandon:

¿Vas a conmoverte, Sargento? No quiere venir con nosotros, pues… ¡Disparad!

Gitanilla:

¡No!

Chandon:

¡Hacedloooo!

Gitanilla:

¡Mal nacido! ¡Cobardes!

Denis:

¡Pelotón! ¡Apunten!

(Entra súbitamente la Infanta encaramándose sobre la roca que está entre el pelotón de soldados y Chandon. Mientras apunta a éste con un enorme pistolón, dice:)

Infanta:

¡Alto! Si disparan, eres hombre muerto.

Chandon:

Ja, ja... Muy grande es esa pistola para una damita como vos...

Infanta:

Muévete y te meto un tiro.

Chandon:

No lo creo. ¡Apunten! ¡Fuego!

(El pelotón abre fuego. La descarga es terrible. Caen todos los presos entre una nube de humo y también la Gitanilla. La Infanta queda anonadada y deja caer lentamente el brazo con el que sostenía la pistola.)

Infanta:

Canelilla...

Chandon:

C'est la guerre, Madame, c'est la guerre... Tendríais que saber que ¡nada! puede oponerse al ejército del Emperador.

Infanta:

¡Canelilla...!

Chandon:

¿Llorar por una gitana? ¿Qué importancia tiene...?

ESCENA 21

McIvory:

(En off) ¡Toda!

El Séneca:

¡¡¡¡¡Al abordaje!!!!!

Caraperro:

¡¡¡No hay dolor!!!

(Entra por todas partes un tropel de piratas que rodean y desarman a los mamelucos.)

El Séneca:

Se acabó la partida. Este maldito soltó los ases a tiempo.

McIvory:

Esto lo van a pagar caro. *(Yendo a por Denis)* ¡¡¡¡Tú, malnacido!!!! ¡¡¡¡Dejádmele a mí!!!!

Lucas:

¡¡¡¡Quieto!!!!

Infanta:

¡¡¡Ahhhhhhhhhh!!!

Caraperro:

¡Los muertos!

El Séneca:

¡Están vivos!

Infanta:

¡¡¡Canelilla!!!

McIvory:

¿Qué pasa...?

Lucas:

Tranquilo. El franchute ese nos ha salvado la vida.

McIvory:

¡La retranca!

Caraperro:

¡Claro!

McIvory:

¡Mi truco! Eres lo que eres, un tío grande, condenado.

El Séneca:

¿No había dicho el franchute que os fiarais de él?... Apuesto a que salimos bien de ésta.

Chandon:

¡O no!

(En el segundo que media entre la amenaza y el disparo, McIvory y Denis gritan.)

McIvory:

¡Nooooo!

Denis:

¡Noooooooooooooo!

(Y Denis se interpone entre Chandon y la Infanta mientras suena el disparo, recibiendo él el balazo.)

Denis:

¡Ahhrgg!

McIvory:

¡No!

Infanta:

¡Ahhhhh!

Caraperro:

¡Cobarde! *(Le derriba)*

(Se arremolinan todos en torno al herido. La Gitanilla está muda de terror abrazada a Denis, bañado en sangre. Mientras, McIvory dice:)

McIvory:

Llevaos de aquí a esta basura. ¡Al barco!

Infanta:

No es posible, no...

(Entra Cairel y la Gitanilla se echa a sus brazos desconsolada.)

Gitanilla:

¡Cairel! ¡Dime que no es verdad! No le han matado, ¿verdad? No quiero verle morir, no quiero.

El Séneca:

Mal lo veo, sólo un milagro podría salvarle.

Lucas:

Puede que no sea mortal...

Denis:

Canelilla... ¿La Infanta...?

McIvory:

Os llama...

Infanta:

No te puedes morir, no puedes. Te lo ordeno. No te mueras, por favor. Tú me has salvado...

Denis:

Ahora... os toca a vos, princesa, ahora sí es vuestro turno.

Infanta:

¿Yo? ¿Mi turno?

Denis:

Vos. Sé que lo haréis.

(Canelilla llora desconsoladamente.)

ESCENA 22

Los piratas levantan a Denis sobre sus cabezas y empiezan a trasladarlo.

Infanta:

¿Se pondrá bien?

El Séneca:

Si me sale un seis se salva.

Cairel:

Pues claro, hijita, pues claro.

El Séneca:

¡Un seis!

Cairel:

Canelilla, tú cuidarás del francés.

Lucas:

Márchate, se hace tarde.

ESCENA 23

Infanta:

Vámonos a Cádiz. Sé cómo entrar.

McIvory:

¡Bueno...!

Lucas:

La horca os espera en Cádiz.

Infanta:

Pues dadme un cómo, porque voy a ir.

El Séneca:

Cinco. Tiene cinco ases.

Lucas:

Tendré que pensar algo...

McIvory:

Y, ¿cómo vamos a entrar? ¿A lo bestia?

Infanta:

No, a lo listo. No sé si podré contar con vos...

McIvory:

A lo mejor todavía os doy otra castaña...

Lucas:

Lo que se haga, se hará bajo mi mando.

McIvory:

¿Y quién os ha dicho que vais a mandar vos, señor Lucas Olvido?

Lucas:

Lo dice mi faca, gordito controla-todo...

Infanta:

Estoy empezando a imp... Bah, esto me servirá. Mientras vosotros seguís discutiendo, Víctor no habrá perdido el tiempo. Yo... me voy a Cádiz.

McIvory:

¡Ésta es mi Infanta!

Caraperro:

¡Viva la Infanta!

(Espontáneamente los piratas empiezan a vitorear a la Infanta.)

Piratas:

¡Hurraaaa!

El Séneca:

¡Qué mujer!

McIvory:

Lucas...

Lucas:

¿Qué?

McIvory:

Que, ¿qué de qué?

Lucas:

Pues que... ¡viva la Infanta!

Todos:

¡Vivaaaa!

El Séneca:

Esto sí que es una infanta...

Infanta:

Pues, venga, vamos a Cádiz.

McIvory:

Para, para, palomita. Ya que eres la capitana, tendrás que darnos lo que son unas órdenes.

El Séneca:

Ya sabes, vosotros por la derecha, los otros por la izquierda...

Caraperro:

El Séneca por el tejado...

Infanta:

Bien, vale, lo he pillado. Vos, McIvory, ¿conocéis la bocana del lado sur?

McIvory:

Claro.

Infanta:

Allí os reuniréis con Cairel. Cairel, vas a tener que hacer un buen puchero de ungüento...

Cairel:

Ya os veo venir...

Infanta:

Lucas, vos... Nuestra mejor baza es que Víctor os cree muerto. Recoged el ungüento de Cairel y esperadme en las troneras de la Cortadura.

El Séneca:

¿Nuestra mejor baza? Esta mujer juega con las cartas marcadas... Pobre Víctor.

Infanta:

Vos, Séneca, dejad de decir sandeces y atended. Tenéis un papel en esto.

El Séneca:

¡¡¡¿Un papel?!!!

Caraperro:

¿Eso?

El Séneca:

¡¡Bien!! Os felicito, Infanta, tenéis buen ojo…

Infanta:

Te utilizaremos de cebo. *(Risas de todos)*

Infanta:

Es broma, tonto. Por el camino os daré detalles. Estamos…

McIvory:

Estamos en la brecha.

Lucas:

En la brecha, sí señor.

McIvory:

Tenéis el don.

Cairel:

Tenéis duende…

McIvory:

Sólo vos…

Infanta:

¿Yo? Tú eres el que me has despertado.

Lucas:

Vamos, rápido, no hay tiempo que perder.

El Séneca:

Y nos vamos tan tranquilos hacia el apocalipsis. ¡Hala! Y cantando, para más inri. No sé si esto es una chaladura colectiva o una genialidad absoluta. La verdad es que la Infanta tiene agallas… En fin, vámonos a Cádiz que allí lo veremos.

Acto V

ESCENA 24

Vista de un paño de los muros de la Cortadura. Por la derecha, se ve llegar al ejército invasor con toda su potencia. Al frente, Víctor. A la izquierda, protegidos de alguna manera, la comisión gobernadora de Cádiz espera impaciente la llegada del mariscal Víctor.

Aya:

(Hablando aturullada y nerviosa) Está clarísimo, marqués de Villena, y además ya está hablado... y decidido. Vale más tratar unas condiciones de paz que... permitir el agravio de ver la ciudad herida de muerte.

Víctor:

¡Atención! ¡Ha llegado el gran día, querido señor Marqués! ¿Habéis ahorcado ya a vuestra Infanta? Ja, ja, ja.

Marqués:

No le encuentro la gracia, Mariscal.

Víctor:

La infanta Carlota ha renegado de vos y de vuestra ciudad.

Aya:

¿Qué os decía yo?

Víctor:

Y… vuestro glorioso Lucas Olvido ha sido ejecutado esta misma mañana.

Pueblo:

¡¡¡¡Ohhh!!!!

Víctor:

No os quedan cartas en la mano. Si me entregáis la plaza ahora, respetaré vuestras vidas y haciendas. De lo contrario, me veré obligado a arrasar la ciudad. Elegid.

Aya:

Sed razonable, Marqués.

Marqués:

Está bien. Sé cuando he perdido… Tratemos las condiciones. ¡Abrid las puertas!

Víctor:

No os quedaba otra opción, mi buen…

(Interrumpen Cairel y el Séneca.)

El Séneca:

Nos queda la esperanza, Víctor.

Cairel:

Luz y fuego. Fuego y luz...

Víctor:

¡¡Cogedlos!!

Marqués:

¡No! ¡Dejadles hablar!

Aya:

¡Lleváosla!

Marqués:

Callad.

Cairel:

Ésta es la noche de San Juan. Noche mágica de fuego y sortilegio. ¡Venid y habladnos, antepasados de Cádiz! ¡Yo os conjuro, espectros remotos! ¡Venid aquellos que hicisteis grande la ínsula gaditana!

El Séneca:

¡Han venido! Tu conjuro los ha despertado ¡Vedlos aquí!

ARIA DE LOS ESPECTROS

Los espectros surgen del suelo que se llena de humo. Son como viejas estatuas cubiertas de polvo y telarañas, pero están vivos.

El Séneca:

Más de tres mil años de viaje, viejo Tartesso.

Cairel:

Y tú dos mil, Cayo Julio César.

El Séneca:

¡Patricio Balbo, noble senador!

Cairel:

Me inclino ante vuestra Majestad, Alfonso X el Sabio.

Todos:

No me da la gana.

El Séneca:

¿Y vos, don Juan Ponce de León, que nos engrandecisteis?

Todos:

No me da la gana.

Cairel:

¡Qué hermosa luce vuestra armadura, emperador Carlos V!

Marqués:

¿Y vos, señor...?

"Coronel":

Ya veis, no soy un espectro. He venido a defender Cádiz y a la infanta Carlota Joaquina.

Víctor:

¿La Infanta? ¡Qué sarcasmo! No sé quién sois, Coronel, pero... No hay ninguna infanta. Os lo advierto, Marqués: olvidaos de esas fantochadas y entregadme la ciudad.

"Coronel":

Esta ciudad será defendida hasta el último hombre.

El Séneca:

Cambió tu suerte, mariscal Víctor.

Víctor:

¡Sandeces! Se acaba el tiempo, Villena. ¿Qué decís?

Marqués:

Que con infanta o sin ella, no me rindo.

"Coronel":

¡Bien dicho!

Marqués:

¡Ejem!

Aya:

Estáis loco.

"Coronel":

¡Artilleros! Apuntad los cañones. Mariscal, tenéis exactamente un minuto para desaparecer de mi vista antes de que abramos fuego.

Aya:

No escuchéis a este entrometido. ¡Rindámonos!

"Coronel":

Al próximo que repita esa palabra, le vuelo la cabeza.

Soldados:

¡Hurra!

Víctor:

Vuestra Infanta pagará con su vida esta obstinación.

"Coronel":

Quedan treinta segundos, Víctor. Estoy empezando a imp...

Víctor:

Vendré aquí mismo a ahorcarla, delante de esta puerta.

Marqués:

Señor, la Infanta...

Víctor:

La ciudad a cambio de la Infanta, Marqués. Ése es el trato.

“Coronel”:

Pues no hay trato. Porque tenemos la ciudad..., y la ciudad tiene a la Infanta. *(Se descubre)*

Víctor:

Ehhh!

Marqués:

¡Mi niña!

El Séneca:

No era un coronel, no era, no era.

Víctor:

No cantéis victoria tan fácilmente, mocosa. No dejaré piedra sobre piedra de...

Lucas:

(Le apunta con su trabuco) Tened la lengua, o tendréis que dar la orden de bombardear metido en una caja de pino.

Víctor:

¿Pensáis matarme?

Infanta:

No, Mariscal. No será necesario. Diréis a vuestro Bonaparte que Cádiz sigue siendo libre y que vos no habéis conseguido tomarla ni con las nobles artes de la guerra ni con las sucias artes de la intriga. Bajad el arma, Lucas Olvido.

Víctor:

Lucas... ¿Olvido?

Lucas:

Nunca olvido una afrenta.

Infanta:

Adiós, Víctor. Cádiz sigue resistiendo.

Víctor:

Y yo sigo empeñado en tomarla. Volveré.

(Se marchan Víctor y los soldados franceses.)

ESCENA 25

Guardias:

¡Hurra!

Pueblo:

¡Viva!

Marqués:

Entrad. Cádiz os está esperando.

(Se abre la puerta pero en ella está el Aya y muchos guardias.)

Aya:

No vais a entrar Carlota. La Junta de Cádiz firmó esta sentencia y se va a cumplir.

Marqués:

Josefina, te estás pasando.

Aya:

Es una traidora y debe ser ahorcada. Lo siento Marqués, ya ha sido juzgada y condenada. ¡Traedla!

(Guardias contra piratas y gitanos.)

McIvory:

Ven tú a por ella, si te atreves, pelambreras.

Aya:

Apuesto a que vendrá ella sola…

El Séneca:

Je, je.

Aya:

... a no ser que en su lugar muera... un "perro vagabundo" que casualmente hemos cogido ayudando a un francés. Ya puedes salir, Tigre.

(Entra el Tigre con la Gitanilla amordazada.)

Lucas:

Canelilla...

Tigre:

Si te acercas, la mato.

Lucas:

Miserable, te arrancaré las tripas.

Aya:

Qué conmovedor.

Carlota:

Dejadme...

McIvory:

Ni se te ocurra.

Infanta:

Soltadla y me entrego.

Aya:

Eso es lo que quería oír. Acepto.

Marqués:

Es absurdo.

McIvory:

No vayáis, Carlota.

El Séneca:

Os matará.

Infanta:

¿Y qué? *(Sube a la horca)* Ella es inocente y la ciudad ya está a salvo. Si aún me consideráis una traidora, entonces... ¡ahorcadme!

Gitanilla:

¡Y a mí también!

Lucas:

En ese caso, a mí también.

McIvory:

Y, por supuesto, a mí.

Caraperro:

Y a este menda.

Cairel:

Y a mí.

Bandolero:

También a mí.

Pueblo:

Y a mí.

Pirata:

A mí también.

Pieblo:

Y a mí.

Pirata:

A mí también.

Pirata:

También a mí.

Pueblo:

Y a mí.

El Séneca:

... Y a mí.

Caraperro:

Eso, a él, a él.

El Séneca:

Después de vos a ser posible.

Marqués:

(Desde abajo) ¡Y a mí!

La guardia:

¡Viva la Infanta!

McIvory:

¿Qué, cacho bruja? ¿Te vas a pasar la tarde colgando al personal? Acabaremos antes si las colgamos a ellas de las patas.

Lucas:

Del Tigre me encargo yo.

Gitanilla:

No. Padre...

Infanta:

Tranquilo, Lucas, serán juzgados por la Junta de Cádiz. ¡Guardias!

Caraperro:

¡Viva la Infanta!

Todos:

¡Viva!

ESCENA 26

Todos:

¡Ja, ja, ja!

McIvory:

Estáis muy guapa vestida de soldadito, princesa.

Infanta:

Defenderemos la ciudad…

Marqués:

Hasta la muerte.

Lucas:

¡Hasta la muerte!

McIvory:

¡Hasta la muerte!

El Séneca:

Mejor si es antes de la muerte, ¿vale?

Infanta:

¿Cómo está Denis?

Gitanilla:

Pronto podrá ver a su novia.

Caraperro:

Marie, mon amour.

Gitanilla:

Calla tú, caramoco.

McIvory:

El franchute y la Canelilla, buenos fichajes. Pero a la Infanta no la quiero ver en mi barco ni borracho.

Caraperro:

Porque terminaría quitándoos el mando, que ya me sé yo…

El Séneca:

Ay, ay, ay, vámonos a casa, Lucas Olvido. *(Cogiendo del brazo al bandolero)* Aquí todos están locos, excepto tú y yo. Incluso tú me pareces un poco rarito…

McIvory:

¡Viva la Infanta!

FIN

ÍNDICE